Dieses notizbuch gehört zu :

HouBook

Alphabete	Seiten
A	1 - 4
B	5 - 8
C	9 - 12
D	13 - 16
E	17 - 20
F	21 - 24
G	25 - 28
H	29 - 32
I	33 - 36
J	37 - 40
K	41 - 44
L	45 - 48
M	49 - 52

Alphabete	Seiten
N	53 - 56
O	57 - 60
P	61 - 64
Q	65 - 68
R	69 - 72
S	73 - 76
T	77 - 80
U	81 - 84
V	85 - 88
W	89 - 92
X	93 - 96
Y	97 - 100
Z	101 - 104

A Meine Passwörter

Website : ____________________

Benutzername : ____________________

Passwort : ____________________

Email : ____________________

Telefon : ____________________

Notiz : ____________________

Website : ____________________

Benutzername : ____________________

Passwort : ____________________

Email : ____________________

Telefon : ____________________

Notiz : ____________________

Website : ____________________

Benutzername : ____________________

Passwort : ____________________

Email : ____________________

Telefon : ____________________

Notiz : ____________________

Meine Passwörter

A

Website :	
Benutzername :	
Passwort :	
Email :	
Telefon :	
Notiz :	

Website :	
Benutzername :	
Passwort :	
Email :	
Telefon :	
Notiz :	

Website :	
Benutzername :	
Passwort :	
Email :	
Telefon :	
Notiz :	

A Meine Passwörter

Website : ______

Benutzername : ______

Passwort : ______

Email : ______

Telefon : ______

Notiz : ______

Website : ______

Benutzername : ______

Passwort : ______

Email : ______

Telefon : ______

Notiz : ______

Website : ______

Benutzername : ______

Passwort : ______

Email : ______

Telefon : ______

Notiz : ______

Meine Passwörter

A

Website : ______

Benutzername : ______

Passwort : ______

Email : ______

Telefon : ______

Notiz : ______

Website : ______

Benutzername : ______

Passwort : ______

Email : ______

Telefon : ______

Notiz : ______

Website : ______

Benutzername : ______

Passwort : ______

Email : ______

Telefon : ______

Notiz : ______

B Meine Passwörter

Website : ____________________

Benutzername : ____________________

Passwort : ____________________

Email : ____________________

Telefon : ____________________

Notiz : ____________________

Website : ____________________

Benutzername : ____________________

Passwort : ____________________

Email : ____________________

Telefon : ____________________

Notiz : ____________________

Website : ____________________

Benutzername : ____________________

Passwort : ____________________

Email : ____________________

Telefon : ____________________

Notiz : ____________________

Meine Passwörter

B

Website : ______
Benutzername : ______
Passwort : ______
Email : ______
Telefon : ______
Notiz : ______

Website : ______
Benutzername : ______
Passwort : ______
Email : ______
Telefon : ______
Notiz : ______

Website : ______
Benutzername : ______
Passwort : ______
Email : ______
Telefon : ______
Notiz : ______

B Meine Passwörter

Website : ______

Benutzername : ______

Passwort : ______

Email : ______

Telefon : ______

Notiz : ______

Website : ______

Benutzername : ______

Passwort : ______

Email : ______

Telefon : ______

Notiz : ______

Website : ______

Benutzername : ______

Passwort : ______

Email : ______

Telefon : ______

Notiz : ______

Meine Passwörter

B

Website : ____________________

Benutzername : ____________________

Passwort : ____________________

Email : ____________________

Telefon : ____________________

Notiz : ____________________

Website : ____________________

Benutzername : ____________________

Passwort : ____________________

Email : ____________________

Telefon : ____________________

Notiz : ____________________

Website : ____________________

Benutzername : ____________________

Passwort : ____________________

Email : ____________________

Telefon : ____________________

Notiz : ____________________

C Meine Passwörter

Website : ____________________

Benutzername : ____________________

Passwort : ____________________

Email : ____________________

Telefon : ____________________

Notiz : ____________________

Website : ____________________

Benutzername : ____________________

Passwort : ____________________

Email : ____________________

Telefon : ____________________

Notiz : ____________________

Website : ____________________

Benutzername : ____________________

Passwort : ____________________

Email : ____________________

Telefon : ____________________

Notiz : ____________________

Meine Passwörter

C

Website : ______

Benutzername : ______

Passwort : ______

Email : ______

Telefon : ______

Notiz : ______

Website : ______

Benutzername : ______

Passwort : ______

Email : ______

Telefon : ______

Notiz : ______

Website : ______

Benutzername : ______

Passwort : ______

Email : ______

Telefon : ______

Notiz : ______

C Meine Passwörter

Website : ____________________

Benutzername : ____________________

Passwort : ____________________

Email : ____________________

Telefon : ____________________

Notiz : ____________________

Website : ____________________

Benutzername : ____________________

Passwort : ____________________

Email : ____________________

Telefon : ____________________

Notiz : ____________________

Website : ____________________

Benutzername : ____________________

Passwort : ____________________

Email : ____________________

Telefon : ____________________

Notiz : ____________________

Meine Passwörter

C

Website :	
Benutzername :	
Passwort :	
Email :	
Telefon :	
Notiz :	

Website :	
Benutzername :	
Passwort :	
Email :	
Telefon :	
Notiz :	

Website :	
Benutzername :	
Passwort :	
Email :	
Telefon :	
Notiz :	

D

Meine Passwörter

Website : ______

Benutzername : ______

Passwort : ______

Email : ______

Telefon : ______

Notiz : ______

Website : ______

Benutzername : ______

Passwort : ______

Email : ______

Telefon : ______

Notiz : ______

Website : ______

Benutzername : ______

Passwort : ______

Email : ______

Telefon : ______

Notiz : ______

Meine Passwörter

D

Website : ______

Benutzername : ______

Passwort : ______

Email : ______

Telefon : ______

Notiz : ______

Website : ______

Benutzername : ______

Passwort : ______

Email : ______

Telefon : ______

Notiz : ______

Website : ______

Benutzername : ______

Passwort : ______

Email : ______

Telefon : ______

Notiz : ______

D

Meine Passwörter

Website : ____________________

Benutzername : ____________________

Passwort : ____________________

Email : ____________________

Telefon : ____________________

Notiz : ____________________

Website : ____________________

Benutzername : ____________________

Passwort : ____________________

Email : ____________________

Telefon : ____________________

Notiz : ____________________

Website : ____________________

Benutzername : ____________________

Passwort : ____________________

Email : ____________________

Telefon : ____________________

Notiz : ____________________

Meine Passwörter

D

Website : ____________________

Benutzername : ____________________

Passwort : ____________________

Email : ____________________

Telefon : ____________________

Notiz : ____________________

Website : ____________________

Benutzername : ____________________

Passwort : ____________________

Email : ____________________

Telefon : ____________________

Notiz : ____________________

Website : ____________________

Benutzername : ____________________

Passwort : ____________________

Email : ____________________

Telefon : ____________________

Notiz : ____________________

E Meine Passwörter

Website : ____________________

Benutzername : ____________________

Passwort : ____________________

Email : ____________________

Telefon : ____________________

Notiz : ____________________

Website : ____________________

Benutzername : ____________________

Passwort : ____________________

Email : ____________________

Telefon : ____________________

Notiz : ____________________

Website : ____________________

Benutzername : ____________________

Passwort : ____________________

Email : ____________________

Telefon : ____________________

Notiz : ____________________

Meine Passwörter

E

Website :	
Benutzername :	
Passwort :	
Email :	
Telefon :	
Notiz :	

Website :	
Benutzername :	
Passwort :	
Email :	
Telefon :	
Notiz :	

Website :	
Benutzername :	
Passwort :	
Email :	
Telefon :	
Notiz :	

E

Meine Passwörter

Website : ____________________

Benutzername : ____________________

Passwort : ____________________

Email : ____________________

Telefon : ____________________

Notiz : ____________________

Website : ____________________

Benutzername : ____________________

Passwort : ____________________

Email : ____________________

Telefon : ____________________

Notiz : ____________________

Website : ____________________

Benutzername : ____________________

Passwort : ____________________

Email : ____________________

Telefon : ____________________

Notiz : ____________________

Meine Passwörter

E

Website : ____________________

Benutzername : ____________________

Passwort : ____________________

Email : ____________________

Telefon : ____________________

Notiz : ____________________

Website : ____________________

Benutzername : ____________________

Passwort : ____________________

Email : ____________________

Telefon : ____________________

Notiz : ____________________

Website : ____________________

Benutzername : ____________________

Passwort : ____________________

Email : ____________________

Telefon : ____________________

Notiz : ____________________

F Meine Passwörter

Website : ______________________________

Benutzername : ______________________________

Passwort : ______________________________

Email : ______________________________

Telefon : ______________________________

Notiz : ______________________________

Website : ______________________________

Benutzername : ______________________________

Passwort : ______________________________

Email : ______________________________

Telefon : ______________________________

Notiz : ______________________________

Website : ______________________________

Benutzername : ______________________________

Passwort : ______________________________

Email : ______________________________

Telefon : ______________________________

Notiz : ______________________________

Meine Passwörter

F

Website : ______

Benutzername : ______

Passwort : ______

Email : ______

Telefon : ______

Notiz : ______

Website : ______

Benutzername : ______

Passwort : ______

Email : ______

Telefon : ______

Notiz : ______

Website : ______

Benutzername : ______

Passwort : ______

Email : ______

Telefon : ______

Notiz : ______

F

Meine Passwörter

Website : ______

Benutzername : ______

Passwort : ______

Email : ______

Telefon : ______

Notiz : ______

Website : ______

Benutzername : ______

Passwort : ______

Email : ______

Telefon : ______

Notiz : ______

Website : ______

Benutzername : ______

Passwort : ______

Email : ______

Telefon : ______

Notiz : ______

Meine Passwörter

F

Website : ____________________

Benutzername : ____________________

Passwort : ____________________

Email : ____________________

Telefon : ____________________

Notiz : ____________________

Website : ____________________

Benutzername : ____________________

Passwort : ____________________

Email : ____________________

Telefon : ____________________

Notiz : ____________________

Website : ____________________

Benutzername : ____________________

Passwort : ____________________

Email : ____________________

Telefon : ____________________

Notiz : ____________________

G

Meine Passwörter

Website : ______________________

Benutzername : ______________________

Passwort : ______________________

Email : ______________________

Telefon : ______________________

Notiz : ______________________

Website : ______________________

Benutzername : ______________________

Passwort : ______________________

Email : ______________________

Telefon : ______________________

Notiz : ______________________

Website : ______________________

Benutzername : ______________________

Passwort : ______________________

Email : ______________________

Telefon : ______________________

Notiz : ______________________

Meine Passwörter

G

Website : ______________________

Benutzername : ______________________

Passwort : ______________________

Email : ______________________

Telefon : ______________________

Notiz : ______________________

Website : ______________________

Benutzername : ______________________

Passwort : ______________________

Email : ______________________

Telefon : ______________________

Notiz : ______________________

Website : ______________________

Benutzername : ______________________

Passwort : ______________________

Email : ______________________

Telefon : ______________________

Notiz : ______________________

G Meine Passwörter

Website : ______

Benutzername : ______

Passwort : ______

Email : ______

Telefon : ______

Notiz : ______

Website : ______

Benutzername : ______

Passwort : ______

Email : ______

Telefon : ______

Notiz : ______

Website : ______

Benutzername : ______

Passwort : ______

Email : ______

Telefon : ______

Notiz : ______

Meine Passwörter

G

Website : ____

Benutzername : ____

Passwort : ____

Email : ____

Telefon : ____

Notiz : ____

Website : ____

Benutzername : ____

Passwort : ____

Email : ____

Telefon : ____

Notiz : ____

Website : ____

Benutzername : ____

Passwort : ____

Email : ____

Telefon : ____

Notiz : ____

H

Meine Passwörter

Website : ______________________________

Benutzername : ______________________________

Passwort : ______________________________

Email : ______________________________

Telefon : ______________________________

Notiz : ______________________________

Website : ______________________________

Benutzername : ______________________________

Passwort : ______________________________

Email : ______________________________

Telefon : ______________________________

Notiz : ______________________________

Website : ______________________________

Benutzername : ______________________________

Passwort : ______________________________

Email : ______________________________

Telefon : ______________________________

Notiz : ______________________________

Meine Passwörter

H

Website :	
Benutzername :	
Passwort :	
Email :	
Telefon :	
Notiz :	

Website :	
Benutzername :	
Passwort :	
Email :	
Telefon :	
Notiz :	

Website :	
Benutzername :	
Passwort :	
Email :	
Telefon :	
Notiz :	

H Meine Passwörter

Website :	
Benutzername :	
Passwort :	
Email :	
Telefon :	
Notiz :	

Website :	
Benutzername :	
Passwort :	
Email :	
Telefon :	
Notiz :	

Website :	
Benutzername :	
Passwort :	
Email :	
Telefon :	
Notiz :	

Meine Passwörter

H

Website : ____________________

Benutzername : ____________________

Passwort : ____________________

Email : ____________________

Telefon : ____________________

Notiz : ____________________

Website : ____________________

Benutzername : ____________________

Passwort : ____________________

Email : ____________________

Telefon : ____________________

Notiz : ____________________

Website : ____________________

Benutzername : ____________________

Passwort : ____________________

Email : ____________________

Telefon : ____________________

Notiz : ____________________

I Meine Passwörter

Website : ____________________

Benutzername : ____________________

Passwort : ____________________

Email : ____________________

Telefon : ____________________

Notiz : ____________________

Website : ____________________

Benutzername : ____________________

Passwort : ____________________

Email : ____________________

Telefon : ____________________

Notiz : ____________________

Website : ____________________

Benutzername : ____________________

Passwort : ____________________

Email : ____________________

Telefon : ____________________

Notiz : ____________________

Meine Passwörter

I

Website : ______

Benutzername : ______

Passwort : ______

Email : ______

Telefon : ______

Notiz : ______

Website : ______

Benutzername : ______

Passwort : ______

Email : ______

Telefon : ______

Notiz : ______

Website : ______

Benutzername : ______

Passwort : ______

Email : ______

Telefon : ______

Notiz : ______

I

Meine Passwörter

Website : ____________________

Benutzername : ____________________

Passwort : ____________________

Email : ____________________

Telefon : ____________________

Notiz : ____________________

Website : ____________________

Benutzername : ____________________

Passwort : ____________________

Email : ____________________

Telefon : ____________________

Notiz : ____________________

Website : ____________________

Benutzername : ____________________

Passwort : ____________________

Email : ____________________

Telefon : ____________________

Notiz : ____________________

Meine Passwörter

I

Website : ____________________

Benutzername : ____________________

Passwort : ____________________

Email : ____________________

Telefon : ____________________

Notiz : ____________________

Website : ____________________

Benutzername : ____________________

Passwort : ____________________

Email : ____________________

Telefon : ____________________

Notiz : ____________________

Website : ____________________

Benutzername : ____________________

Passwort : ____________________

Email : ____________________

Telefon : ____________________

Notiz : ____________________

J

Meine Passwörter

Website : ______

Benutzername : ______

Passwort : ______

Email : ______

Telefon : ______

Notiz : ______

Website : ______

Benutzername : ______

Passwort : ______

Email : ______

Telefon : ______

Notiz : ______

Website : ______

Benutzername : ______

Passwort : ______

Email : ______

Telefon : ______

Notiz : ______

Meine Passwörter

J

Website : ______________________________

Benutzername : ______________________________

Passwort : ______________________________

Email : ______________________________

Telefon : ______________________________

Notiz : ______________________________

Website : ______________________________

Benutzername : ______________________________

Passwort : ______________________________

Email : ______________________________

Telefon : ______________________________

Notiz : ______________________________

Website : ______________________________

Benutzername : ______________________________

Passwort : ______________________________

Email : ______________________________

Telefon : ______________________________

Notiz : ______________________________

J

Meine Passwörter

Website : ____________________

Benutzername : ____________________

Passwort : ____________________

Email : ____________________

Telefon : ____________________

Notiz : ____________________

Website : ____________________

Benutzername : ____________________

Passwort : ____________________

Email : ____________________

Telefon : ____________________

Notiz : ____________________

Website : ____________________

Benutzername : ____________________

Passwort : ____________________

Email : ____________________

Telefon : ____________________

Notiz : ____________________

Meine Passwörter

J

Website : ____________________

Benutzername : ____________________

Passwort : ____________________

Email : ____________________

Telefon : ____________________

Notiz : ____________________

Website : ____________________

Benutzername : ____________________

Passwort : ____________________

Email : ____________________

Telefon : ____________________

Notiz : ____________________

Website : ____________________

Benutzername : ____________________

Passwort : ____________________

Email : ____________________

Telefon : ____________________

Notiz : ____________________

K

Meine Passwörter

Website : ______________________________

Benutzername : ______________________________

Passwort : ______________________________

Email : ______________________________

Telefon : ______________________________

Notiz : ______________________________

Website : ______________________________

Benutzername : ______________________________

Passwort : ______________________________

Email : ______________________________

Telefon : ______________________________

Notiz : ______________________________

Website : ______________________________

Benutzername : ______________________________

Passwort : ______________________________

Email : ______________________________

Telefon : ______________________________

Notiz : ______________________________

Meine Passwörter

K

Website :
Benutzername :
Passwort :
Email :
Telefon :
Notiz :

Website :
Benutzername :
Passwort :
Email :
Telefon :
Notiz :

Website :
Benutzername :
Passwort :
Email :
Telefon :
Notiz :

K

Meine Passwörter

Website : ______________________________

Benutzername : ______________________________

Passwort : ______________________________

Email : ______________________________

Telefon : ______________________________

Notiz : ______________________________

Website : ______________________________

Benutzername : ______________________________

Passwort : ______________________________

Email : ______________________________

Telefon : ______________________________

Notiz : ______________________________

Website : ______________________________

Benutzername : ______________________________

Passwort : ______________________________

Email : ______________________________

Telefon : ______________________________

Notiz : ______________________________

Meine Passwörter

K

Website : ______

Benutzername : ______

Passwort : ______

Email : ______

Telefon : ______

Notiz : ______

Website : ______

Benutzername : ______

Passwort : ______

Email : ______

Telefon : ______

Notiz : ______

Website : ______

Benutzername : ______

Passwort : ______

Email : ______

Telefon : ______

Notiz : ______

L

Meine Passwörter

Website : ______________________________

Benutzername : ______________________________

Passwort : ______________________________

Email :______________________________

Telefon :______________________________

Notiz : ______________________________

Website : ______________________________

Benutzername : ______________________________

Passwort : ______________________________

Email :______________________________

Telefon :______________________________

Notiz : ______________________________

Website : ______________________________

Benutzername : ______________________________

Passwort : ______________________________

Email :______________________________

Telefon :______________________________

Notiz : ______________________________

Meine Passwörter

L

Website :
Benutzername :
Passwort :
Email :
Telefon :
Notiz :

Website :
Benutzername :
Passwort :
Email :
Telefon :
Notiz :

Website :
Benutzername :
Passwort :
Email :
Telefon :
Notiz :

L

Meine Passwörter

Website : ______________________________

Benutzername : ______________________________

Passwort : ______________________________

Email : ______________________________

Telefon : ______________________________

Notiz : ______________________________

Website : ______________________________

Benutzername : ______________________________

Passwort : ______________________________

Email : ______________________________

Telefon : ______________________________

Notiz : ______________________________

Website : ______________________________

Benutzername : ______________________________

Passwort : ______________________________

Email : ______________________________

Telefon : ______________________________

Notiz : ______________________________

Meine Passwörter

L

Website : ____________________

Benutzername : ____________________

Passwort : ____________________

Email :____________________

Telefon :____________________

Notiz : ____________________

Website : ____________________

Benutzername : ____________________

Passwort : ____________________

Email :____________________

Telefon :____________________

Notiz : ____________________

Website : ____________________

Benutzername : ____________________

Passwort : ____________________

Email :____________________

Telefon :____________________

Notiz : ____________________

M Meine Passwörter

Website : ____________________

Benutzername : ____________________

Passwort : ____________________

Email : ____________________

Telefon : ____________________

Notiz : ____________________

Website : ____________________

Benutzername : ____________________

Passwort : ____________________

Email : ____________________

Telefon : ____________________

Notiz : ____________________

Website : ____________________

Benutzername : ____________________

Passwort : ____________________

Email : ____________________

Telefon : ____________________

Notiz : ____________________

Meine Passwörter

M

Website : ____________________

Benutzername : ____________________

Passwort : ____________________

Email : ____________________

Telefon : ____________________

Notiz : ____________________

Website : ____________________

Benutzername : ____________________

Passwort : ____________________

Email : ____________________

Telefon : ____________________

Notiz : ____________________

Website : ____________________

Benutzername : ____________________

Passwort : ____________________

Email : ____________________

Telefon : ____________________

Notiz : ____________________

M Meine Passwörter

Website : ____________________

Benutzername : ____________________

Passwort : ____________________

Email : ____________________

Telefon : ____________________

Notiz : ____________________

Website : ____________________

Benutzername : ____________________

Passwort : ____________________

Email : ____________________

Telefon : ____________________

Notiz : ____________________

Website : ____________________

Benutzername : ____________________

Passwort : ____________________

Email : ____________________

Telefon : ____________________

Notiz : ____________________

Meine Passwörter

M

Website :	
Benutzername :	
Passwort :	
Email :	
Telefon :	
Notiz :	

Website :	
Benutzername :	
Passwort :	
Email :	
Telefon :	
Notiz :	

Website :	
Benutzername :	
Passwort :	
Email :	
Telefon :	
Notiz :	

N

Meine Passwörter

Website : ______

Benutzername : ______

Passwort : ______

Email : ______

Telefon : ______

Notiz : ______

Website : ______

Benutzername : ______

Passwort : ______

Email : ______

Telefon : ______

Notiz : ______

Website : ______

Benutzername : ______

Passwort : ______

Email : ______

Telefon : ______

Notiz : ______

Meine Passwörter

N

Website : ______
Benutzername : ______
Passwort : ______
Email : ______
Telefon : ______
Notiz : ______

Website : ______
Benutzername : ______
Passwort : ______
Email : ______
Telefon : ______
Notiz : ______

Website : ______
Benutzername : ______
Passwort : ______
Email : ______
Telefon : ______
Notiz : ______

N Meine Passwörter

Website : ____________________

Benutzername : ____________________

Passwort : ____________________

Email : ____________________

Telefon : ____________________

Notiz : ____________________

Website : ____________________

Benutzername : ____________________

Passwort : ____________________

Email : ____________________

Telefon : ____________________

Notiz : ____________________

Website : ____________________

Benutzername : ____________________

Passwort : ____________________

Email : ____________________

Telefon : ____________________

Notiz : ____________________

Meine Passwörter

N

Website :	
Benutzername :	
Passwort :	
Email :	
Telefon :	
Notiz :	

Website :	
Benutzername :	
Passwort :	
Email :	
Telefon :	
Notiz :	

Website :	
Benutzername :	
Passwort :	
Email :	
Telefon :	
Notiz :	

Meine Passwörter

Website : ______________________

Benutzername : ______________________

Passwort : ______________________

Email : ______________________

Telefon : ______________________

Notiz : ______________________

Website : ______________________

Benutzername : ______________________

Passwort : ______________________

Email : ______________________

Telefon : ______________________

Notiz : ______________________

Website : ______________________

Benutzername : ______________________

Passwort : ______________________

Email : ______________________

Telefon : ______________________

Notiz : ______________________

Meine Passwörter

Website : ______________________________

Benutzername : ______________________________

Passwort : ______________________________

Email : ______________________________

Telefon : ______________________________

Notiz : ______________________________

Website : ______________________________

Benutzername : ______________________________

Passwort : ______________________________

Email : ______________________________

Telefon : ______________________________

Notiz : ______________________________

Website : ______________________________

Benutzername : ______________________________

Passwort : ______________________________

Email : ______________________________

Telefon : ______________________________

Notiz : ______________________________

Meine Passwörter

Website : ____

Benutzername : ____

Passwort : ____

Email : ____

Telefon : ____

Notiz : ____

Website : ____

Benutzername : ____

Passwort : ____

Email : ____

Telefon : ____

Notiz : ____

Website : ____

Benutzername : ____

Passwort : ____

Email : ____

Telefon : ____

Notiz : ____

Meine Passwörter

Website : ______________________________

Benutzername : ______________________________

Passwort : ______________________________

Email : ______________________________

Telefon : ______________________________

Notiz : ______________________________

Website : ______________________________

Benutzername : ______________________________

Passwort : ______________________________

Email : ______________________________

Telefon : ______________________________

Notiz : ______________________________

Website : ______________________________

Benutzername : ______________________________

Passwort : ______________________________

Email : ______________________________

Telefon : ______________________________

Notiz : ______________________________

P Meine Passwörter

Website : ____________________

Benutzername : ____________________

Passwort : ____________________

Email : ____________________

Telefon : ____________________

Notiz : ____________________

Website : ____________________

Benutzername : ____________________

Passwort : ____________________

Email : ____________________

Telefon : ____________________

Notiz : ____________________

Website : ____________________

Benutzername : ____________________

Passwort : ____________________

Email : ____________________

Telefon : ____________________

Notiz : ____________________

Meine Passwörter

P

Website :	
Benutzername :	
Passwort :	
Email :	
Telefon :	
Notiz :	

Website :	
Benutzername :	
Passwort :	
Email :	
Telefon :	
Notiz :	

Website :	
Benutzername :	
Passwort :	
Email :	
Telefon :	
Notiz :	

P Meine Passwörter

Website : ____________________

Benutzername : ____________________

Passwort : ____________________

Email : ____________________

Telefon : ____________________

Notiz : ____________________

Website : ____________________

Benutzername : ____________________

Passwort : ____________________

Email : ____________________

Telefon : ____________________

Notiz : ____________________

Website : ____________________

Benutzername : ____________________

Passwort : ____________________

Email : ____________________

Telefon : ____________________

Notiz : ____________________

Meine Passwörter

P

Website : ______

Benutzername : ______

Passwort : ______

Email : ______

Telefon : ______

Notiz : ______

Website : ______

Benutzername : ______

Passwort : ______

Email : ______

Telefon : ______

Notiz : ______

Website : ______

Benutzername : ______

Passwort : ______

Email : ______

Telefon : ______

Notiz : ______

Meine Passwörter

Website : ____________________

Benutzername : ____________________

Passwort : ____________________

Email : ____________________

Telefon : ____________________

Notiz : ____________________

Website : ____________________

Benutzername : ____________________

Passwort : ____________________

Email : ____________________

Telefon : ____________________

Notiz : ____________________

Website : ____________________

Benutzername : ____________________

Passwort : ____________________

Email : ____________________

Telefon : ____________________

Notiz : ____________________

Meine Passwörter

Q

Website : ____________________
Benutzername : ____________________
Passwort : ____________________
Email : ____________________
Telefon : ____________________
Notiz : ____________________

Website : ____________________
Benutzername : ____________________
Passwort : ____________________
Email : ____________________
Telefon : ____________________
Notiz : ____________________

Website : ____________________
Benutzername : ____________________
Passwort : ____________________
Email : ____________________
Telefon : ____________________
Notiz : ____________________

Meine Passwörter

Website : ______________________

Benutzername : ______________________

Passwort : ______________________

Email : ______________________

Telefon : ______________________

Notiz : ______________________

Website : ______________________

Benutzername : ______________________

Passwort : ______________________

Email : ______________________

Telefon : ______________________

Notiz : ______________________

Website : ______________________

Benutzername : ______________________

Passwort : ______________________

Email : ______________________

Telefon : ______________________

Notiz : ______________________

Meine Passwörter

Website : ______

Benutzername : ______

Passwort : ______

Email : ______

Telefon : ______

Notiz : ______

Website : ______

Benutzername : ______

Passwort : ______

Email : ______

Telefon : ______

Notiz : ______

Website : ______

Benutzername : ______

Passwort : ______

Email : ______

Telefon : ______

Notiz : ______

R

Meine Passwörter

Website : ______

Benutzername : ______

Passwort : ______

Email : ______

Telefon : ______

Notiz : ______

Website : ______

Benutzername : ______

Passwort : ______

Email : ______

Telefon : ______

Notiz : ______

Website : ______

Benutzername : ______

Passwort : ______

Email : ______

Telefon : ______

Notiz : ______

Meine Passwörter

R

Website : ______
Benutzername : ______
Passwort : ______
Email : ______
Telefon : ______
Notiz : ______

Website : ______
Benutzername : ______
Passwort : ______
Email : ______
Telefon : ______
Notiz : ______

Website : ______
Benutzername : ______
Passwort : ______
Email : ______
Telefon : ______
Notiz : ______

R

Meine Passwörter

Website : ____________________

Benutzername : ____________________

Passwort : ____________________

Email : ____________________

Telefon : ____________________

Notiz : ____________________

Website : ____________________

Benutzername : ____________________

Passwort : ____________________

Email : ____________________

Telefon : ____________________

Notiz : ____________________

Website : ____________________

Benutzername : ____________________

Passwort : ____________________

Email : ____________________

Telefon : ____________________

Notiz : ____________________

Meine Passwörter

R

Website :	
Benutzername :	
Passwort :	
Email :	
Telefon :	
Notiz :	

Website :	
Benutzername :	
Passwort :	
Email :	
Telefon :	
Notiz :	

Website :	
Benutzername :	
Passwort :	
Email :	
Telefon :	
Notiz :	

S Meine Passwörter

Website : ______________________________

Benutzername : ______________________________

Passwort : ______________________________

Email : ______________________________

Telefon : ______________________________

Notiz : ______________________________

Website : ______________________________

Benutzername : ______________________________

Passwort : ______________________________

Email : ______________________________

Telefon : ______________________________

Notiz : ______________________________

Website : ______________________________

Benutzername : ______________________________

Passwort : ______________________________

Email : ______________________________

Telefon : ______________________________

Notiz : ______________________________

Meine Passwörter

S

Website : ______

Benutzername : ______

Passwort : ______

Email : ______

Telefon : ______

Notiz : ______

Website : ______

Benutzername : ______

Passwort : ______

Email : ______

Telefon : ______

Notiz : ______

Website : ______

Benutzername : ______

Passwort : ______

Email : ______

Telefon : ______

Notiz : ______

Meine Passwörter

Website : ______

Benutzername : ______

Passwort : ______

Email : ______

Telefon : ______

Notiz : ______

Website : ______

Benutzername : ______

Passwort : ______

Email : ______

Telefon : ______

Notiz : ______

Website : ______

Benutzername : ______

Passwort : ______

Email : ______

Telefon : ______

Notiz : ______

Meine Passwörter

S

Website : ______________________

Benutzername : ______________________

Passwort : ______________________

Email : ______________________

Telefon : ______________________

Notiz : ______________________

Website : ______________________

Benutzername : ______________________

Passwort : ______________________

Email : ______________________

Telefon : ______________________

Notiz : ______________________

Website : ______________________

Benutzername : ______________________

Passwort : ______________________

Email : ______________________

Telefon : ______________________

Notiz : ______________________

T

Meine Passwörter

Website : ____________________

Benutzername : ____________________

Passwort : ____________________

Email : ____________________

Telefon : ____________________

Notiz : ____________________

Website : ____________________

Benutzername : ____________________

Passwort : ____________________

Email : ____________________

Telefon : ____________________

Notiz : ____________________

Website : ____________________

Benutzername : ____________________

Passwort : ____________________

Email : ____________________

Telefon : ____________________

Notiz : ____________________

Meine Passwörter

T

Website : ______________________________

Benutzername : ______________________________

Passwort : ______________________________

Email : ______________________________

Telefon : ______________________________

Notiz : ______________________________

Website : ______________________________

Benutzername : ______________________________

Passwort : ______________________________

Email : ______________________________

Telefon : ______________________________

Notiz : ______________________________

Website : ______________________________

Benutzername : ______________________________

Passwort : ______________________________

Email : ______________________________

Telefon : ______________________________

Notiz : ______________________________

T Meine Passwörter

Website : ______________________________

Benutzername : ______________________________

Passwort : ______________________________

Email : ______________________________

Telefon : ______________________________

Notiz : ______________________________

Website : ______________________________

Benutzername : ______________________________

Passwort : ______________________________

Email : ______________________________

Telefon : ______________________________

Notiz : ______________________________

Website : ______________________________

Benutzername : ______________________________

Passwort : ______________________________

Email : ______________________________

Telefon : ______________________________

Notiz : ______________________________

Meine Passwörter

T

Website :
Benutzername :
Passwort :
Email :
Telefon :
Notiz :

Website :
Benutzername :
Passwort :
Email :
Telefon :
Notiz :

Website :
Benutzername :
Passwort :
Email :
Telefon :
Notiz :

U

Meine Passwörter

Website : ______

Benutzername : ______

Passwort : ______

Email : ______

Telefon : ______

Notiz : ______

Website : ______

Benutzername : ______

Passwort : ______

Email : ______

Telefon : ______

Notiz : ______

Website : ______

Benutzername : ______

Passwort : ______

Email : ______

Telefon : ______

Notiz : ______

Meine Passwörter

U

Website : ____________________

Benutzername : ____________________

Passwort : ____________________

Email : ____________________

Telefon : ____________________

Notiz : ____________________

Website : ____________________

Benutzername : ____________________

Passwort : ____________________

Email : ____________________

Telefon : ____________________

Notiz : ____________________

Website : ____________________

Benutzername : ____________________

Passwort : ____________________

Email : ____________________

Telefon : ____________________

Notiz : ____________________

U Meine Passwörter

Website : ______

Benutzername : ______

Passwort : ______

Email : ______

Telefon : ______

Notiz : ______

Website : ______

Benutzername : ______

Passwort : ______

Email : ______

Telefon : ______

Notiz : ______

Website : ______

Benutzername : ______

Passwort : ______

Email : ______

Telefon : ______

Notiz : ______

Meine Passwörter

U

Website :	
Benutzername :	
Passwort :	
Email :	
Telefon :	
Notiz :	

Website :	
Benutzername :	
Passwort :	
Email :	
Telefon :	
Notiz :	

Website :	
Benutzername :	
Passwort :	
Email :	
Telefon :	
Notiz :	

Meine Passwörter

Website : ______________________

Benutzername : ______________________

Passwort : ______________________

Email : ______________________

Telefon : ______________________

Notiz : ______________________

Website : ______________________

Benutzername : ______________________

Passwort : ______________________

Email : ______________________

Telefon : ______________________

Notiz : ______________________

Website : ______________________

Benutzername : ______________________

Passwort : ______________________

Email : ______________________

Telefon : ______________________

Notiz : ______________________

Meine Passwörter

V

Website : ______________________________

Benutzername : ______________________________

Passwort : ______________________________

Email : ______________________________

Telefon : ______________________________

Notiz : ______________________________

Website : ______________________________

Benutzername : ______________________________

Passwort : ______________________________

Email : ______________________________

Telefon : ______________________________

Notiz : ______________________________

Website : ______________________________

Benutzername : ______________________________

Passwort : ______________________________

Email : ______________________________

Telefon : ______________________________

Notiz : ______________________________

Meine Passwörter

Website : ______________________________

Benutzername : ______________________________

Passwort : ______________________________

Email : ______________________________

Telefon : ______________________________

Notiz : ______________________________

Website : ______________________________

Benutzername : ______________________________

Passwort : ______________________________

Email : ______________________________

Telefon : ______________________________

Notiz : ______________________________

Website : ______________________________

Benutzername : ______________________________

Passwort : ______________________________

Email : ______________________________

Telefon : ______________________________

Notiz : ______________________________

Meine Passwörter

V

Website : ______

Benutzername : ______

Passwort : ______

Email : ______

Telefon : ______

Notiz : ______

Website : ______

Benutzername : ______

Passwort : ______

Email : ______

Telefon : ______

Notiz : ______

Website : ______

Benutzername : ______

Passwort : ______

Email : ______

Telefon : ______

Notiz : ______

W Meine Passwörter

Website : ______

Benutzername : ______

Passwort : ______

Email : ______

Telefon : ______

Notiz : ______

Website : ______

Benutzername : ______

Passwort : ______

Email : ______

Telefon : ______

Notiz : ______

Website : ______

Benutzername : ______

Passwort : ______

Email : ______

Telefon : ______

Notiz : ______

Meine Passwörter

W

Website : ____________________

Benutzername : ____________________

Passwort : ____________________

Email : ____________________

Telefon : ____________________

Notiz : ____________________

Website : ____________________

Benutzername : ____________________

Passwort : ____________________

Email : ____________________

Telefon : ____________________

Notiz : ____________________

Website : ____________________

Benutzername : ____________________

Passwort : ____________________

Email : ____________________

Telefon : ____________________

Notiz : ____________________

W Meine Passwörter

Website : ______________________________

Benutzername : ______________________________

Passwort : ______________________________

Email : ______________________________

Telefon : ______________________________

Notiz : ______________________________

Website : ______________________________

Benutzername : ______________________________

Passwort : ______________________________

Email : ______________________________

Telefon : ______________________________

Notiz : ______________________________

Website : ______________________________

Benutzername : ______________________________

Passwort : ______________________________

Email : ______________________________

Telefon : ______________________________

Notiz : ______________________________

Meine Passwörter

W

Website : ___

Benutzername : ___

Passwort : ___

Email : ___

Telefon : ___

Notiz : ___

Website : ___

Benutzername : ___

Passwort : ___

Email : ___

Telefon : ___

Notiz : ___

Website : ___

Benutzername : ___

Passwort : ___

Email : ___

Telefon : ___

Notiz : ___

X Meine Passwörter

Website : ______

Benutzername : ______

Passwort : ______

Email : ______

Telefon : ______

Notiz : ______

Website : ______

Benutzername : ______

Passwort : ______

Email : ______

Telefon : ______

Notiz : ______

Website : ______

Benutzername : ______

Passwort : ______

Email : ______

Telefon : ______

Notiz : ______

Meine Passwörter

X

Website : ______

Benutzername : ______

Passwort : ______

Email : ______

Telefon : ______

Notiz : ______

Website : ______

Benutzername : ______

Passwort : ______

Email : ______

Telefon : ______

Notiz : ______

Website : ______

Benutzername : ______

Passwort : ______

Email : ______

Telefon : ______

Notiz : ______

X Meine Passwörter

Website : ____________________

Benutzername : ____________________

Passwort : ____________________

Email : ____________________

Telefon : ____________________

Notiz : ____________________

Website : ____________________

Benutzername : ____________________

Passwort : ____________________

Email : ____________________

Telefon : ____________________

Notiz : ____________________

Website : ____________________

Benutzername : ____________________

Passwort : ____________________

Email : ____________________

Telefon : ____________________

Notiz : ____________________

Meine Passwörter

X

Website :	
Benutzername :	
Passwort :	
Email :	
Telefon :	
Notiz :	

Website :	
Benutzername :	
Passwort :	
Email :	
Telefon :	
Notiz :	

Website :	
Benutzername :	
Passwort :	
Email :	
Telefon :	
Notiz :	

Y Meine Passwörter

Website : ____________________

Benutzername : ____________________

Passwort : ____________________

Email : ____________________

Telefon : ____________________

Notiz : ____________________

Website : ____________________

Benutzername : ____________________

Passwort : ____________________

Email : ____________________

Telefon : ____________________

Notiz : ____________________

Website : ____________________

Benutzername : ____________________

Passwort : ____________________

Email : ____________________

Telefon : ____________________

Notiz : ____________________

Meine Passwörter

Y

Website :	
Benutzername :	
Passwort :	
Email :	
Telefon :	
Notiz :	

Website :	
Benutzername :	
Passwort :	
Email :	
Telefon :	
Notiz :	

Website :	
Benutzername :	
Passwort :	
Email :	
Telefon :	
Notiz :	

Y

Meine Passwörter

Website : ______

Benutzername : ______

Passwort : ______

Email : ______

Telefon : ______

Notiz : ______

Website : ______

Benutzername : ______

Passwort : ______

Email : ______

Telefon : ______

Notiz : ______

Website : ______

Benutzername : ______

Passwort : ______

Email : ______

Telefon : ______

Notiz : ______

Meine Passwörter

Y

Website : ______

Benutzername : ______

Passwort : ______

Email : ______

Telefon : ______

Notiz : ______

Website : ______

Benutzername : ______

Passwort : ______

Email : ______

Telefon : ______

Notiz : ______

Website : ______

Benutzername : ______

Passwort : ______

Email : ______

Telefon : ______

Notiz : ______

Z

Meine Passwörter

Website : ______

Benutzername : ______

Passwort : ______

Email : ______

Telefon : ______

Notiz : ______

Website : ______

Benutzername : ______

Passwort : ______

Email : ______

Telefon : ______

Notiz : ______

Website : ______

Benutzername : ______

Passwort : ______

Email : ______

Telefon : ______

Notiz : ______

Meine Passwörter

Z

Website : ____________________________

Benutzername : ____________________________

Passwort : ____________________________

Email : ____________________________

Telefon : ____________________________

Notiz : ____________________________

Website : ____________________________

Benutzername : ____________________________

Passwort : ____________________________

Email : ____________________________

Telefon : ____________________________

Notiz : ____________________________

Website : ____________________________

Benutzername : ____________________________

Passwort : ____________________________

Email : ____________________________

Telefon : ____________________________

Notiz : ____________________________

Z

Meine Passwörter

Website : ____________________

Benutzername : ____________________

Passwort : ____________________

Email : ____________________

Telefon : ____________________

Notiz : ____________________

Website : ____________________

Benutzername : ____________________

Passwort : ____________________

Email : ____________________

Telefon : ____________________

Notiz : ____________________

Website : ____________________

Benutzername : ____________________

Passwort : ____________________

Email : ____________________

Telefon : ____________________

Notiz : ____________________

Meine Passwörter

Z

Website :	
Benutzername :	
Passwort :	
Email :	
Telefon :	
Notiz :	

Website :	
Benutzername :	
Passwort :	
Email :	
Telefon :	
Notiz :	

Website :	
Benutzername :	
Passwort :	
Email :	
Telefon :	
Notiz :	

www.ingramcontent.com/pod-product-compliance
Lightning Source LLC
Chambersburg PA
CBHW071258050326
40690CB00011B/2444